문학과지성 시인선 59

붉은 열매를 가진 적이 있다

이윤학 시집

문학과지성 시인선 159
붉은 열매를 가진 적이 있다

초판 1쇄 발행 1995년 7월 25일
초판 6쇄 발행 2011년 9월 2일

지 은 이 이윤학
펴 낸 이 홍정선
펴 낸 곳 ㈜문학과지성사

등록번호 제10-918호(1993. 12. 16)
주　　　소 121-840 서울 마포구 서교동 395-2
전　　　화 02)338-7224
팩　　　스 02)323-4180(편집)　02)338-7221(영업)
전자우편 moonji@moonji.com
홈페이지 www.moonji.com

ⓒ 이윤학, 1995. Printed in Seoul, Korea

ISBN 978-89-320-0739-X

* 이 책의 판권은 지은이와 ㈜문학과지성사에 있습니다.
　양측의 서면 동의 없는 무단 전재 및 복제를 금합니다.

문학과지성 시인선 159

붉은 열매를 가진 적이 있다

이윤학

1995

自 序

   만 4년 동안, 한자리에 틀어박혀 살았던가.
   어디 한번 마음놓고 가보질 못했다.
   새벽에 떠났다, 정오에 돌아오는 것이 고작이었다.

   이 여름이 가면, 어디 멀리 떠날 수 있으리라.

1995년, 여름
이 윤 학

붉은 열매를 가진 적이 있다

차 례

▨ 自 序

I

저수지/11
포도 넝쿨이 쳐진 마당/12
버려진 다리 위에/14
간척지/16
개들의 세월/18
횟집 간판 위에 새우/20
아래층에 식당이 있다 1/22
아래층에 식당이 있다 2/24
버려진 식탁/26
마을버스 타는 곳/28
바람을 마시다/30

II

붉은빛/33
쥐며느리/34
하루살이/35
자 라/36
유리창을 떠도는 벌 한 마리/38
너무 큰 방패/40
떨고 있는 개/42

제 비/44
두꺼비들이 돌 위에 나와 앉아 있다/45
바위산, 나무들/46
공 터/47
이발소에서/48
호박꽃 1/50
호박꽃 2/52
지나간 분식점/54

Ⅲ
그 찻집은 구름 속일 수도 있었고/59
한낮의 풀밭/60
콩 꽃/61
목 장/62
여름의 한낮/64
오래 된 다리 밑/66
벽/67
창 고/68
골목 2/70
갈대꽃/71
송덕리, 노을/72
민들레/74
늦은 봄 1/75
늦은 봄 2/76
그 병원 앞/78
나무다리 앞에서/80

빨랫줄 속에 끼어 있는 옷걸이/82
옥수수밭/84
砂金 2/86

Ⅳ
들 판/89
견딜 수 없는 짐을 지고/90
한여름밤/91
중나무/92
달에 대하여/94
저 환한 창고 안에/96
오동나무는 열매를 남기고/98
기와집 1/100
기와집 2/102
기름 짜는 집/104
바 다/106
며느리밥풀꽃/108

▨ 해설·폐허를 건너는 법·정과리/109

I

저수지

하루종일,
내를 따라 내려가다보면 그 저수지가 나오네
내 눈 속엔 오리떼가 헤매고 있네
내 머릿속엔 손바닥만한 고기들이
바닥에서 무겁게 헤엄치고 있네

물결들만 없었다면, 나는 그것이
한없이 깊은 거울인 줄 알았을 거네
세상에, 속까지 다 보여주는 거울이 있다고
믿었을 거네

거꾸로 박혀 있는 어두운 산들이
돌을 받아먹고 괴로워하는 저녁의 저수지

바닥까지 간 돌은 상처와 같아
곧 진흙 속으로 비집고 들어가 섞이게 되네

포도 넝쿨이 쳐진 마당

화단 안에
웅덩이를 파고 있는 수탉의
벼슬은 핏빛이다, 핏빛의 그 꽃은
황홀하다

붉고 작은 눈은 언젠가
내 마음이 살다 온 방과
닮아 있다

나는 가끔 끔찍함과 만나는 것이다
아니, 그 끔찍함의 과거와도 만나
그 속에 앉아 있게 되는 것이다

봉숭아 씨방들은
담벼락 밑에서 무엇인가
숨기고 있다,
그걸 터트리기 위해
누렇게 익어가고 있다

이 얼음과도 같은

마루에 앉을 때마다 나는
위로를 받곤 한다

죽어가는 포도 넝쿨과 가느다란 철사줄의 그림자,
움직이지 않는 그물을 드리우기 시작한다

버려진 다리 위에

버려진 다리 위에 쭈그리고 앉은 노파가
붉고 매운 고추를 헤쳐 말리고 있다.
한 부대쯤 될까, 군데군데 허옇게 말라버린
고추도 있다. 다리는 축 늘어져 있다. 금방이라도
검은 물 위로, 무거운 어깨의 짐을 내려놓을 것처럼
잔뜩 휘어져 있다.

떨어져나간 난간. 엿가락처럼 구부러진 철근들이
앙상한 뼈들이, 낡은 골조 속에서 터져나와
녹슬어 있다. 굳은살처럼 여기저기
구멍을 때운 자국이, 그대로 남아 있다.
튀어나온 돌들이 매끄럽게
닳아 있다. 바닥엔 아직도 구멍이
여럿 뚫려 있다.

아득한 구멍 속에서, 거품을 몰고
깊이도 없이,
강물이 흐르고 있다.

굽은 허리를 지팡이 하나에 의지한 채, 노파가

실눈을 뜨고 일어선다. 가을 해가
버려진 다리 위에 떠 있다.

간척지

내 가슴속에는 수문이 있다
내 가슴을 가로질러가는 방파제 위로
뿌연 먼지를 일으키며 덤프 트럭들이
지나다니고 있다

겨울의 한낮,
방파제 아래에 앉아 한가로이
바다 낚시를 하는 사람들이 보인다, 나는
수문 위로 올라가
만조의 바다를 바라보곤 한다

민물도 갯물도 아닌 넓은
웅덩이를 차지한 썩어가는 물, 아직도
아무것도 살지 못하는 버려진 간척지, 내
가슴속의 웅덩이의 물은
출렁거리고 있다

이걸 어떻게 퍼낼까
이걸 우려내는 데
얼마나 많은 날들이 필요할까, 그것이

가능한 일이기나 한 건가

내 가슴속의 수문은 열리지 않는다, 나는
끝없이 흘러 고이는 물을 가둬두고 있다

개들의 세월
―― 이곳에 살기 위하여 1

열쇠를 가지고 나오지 않은 밤
이중의 철문 앞에서 서성인다

설레임도 끝나
망한 지 오래 되었다
자정 넘긴 대리석
계단을 내려간다

다시 올라와야 할 이 계단이
제발, 어서, 끝났으면
바라는 마음

"엄마 눈 속엔 내가 들어 있고
내 눈 속엔 엄마가 들어 있어요"

문 열어달라고
집에 전화 걸러 가는 길

그의 눈 속엔 하늘 약국
옆으로 주름진 셔터 문이 들어 있다

매주 일요일은 정기 휴일입니다

일요일은 아프지 말아야 합니다
죽어도, 집에서 죽어야 합니다

횟집 간판 위에 새우

내게 새우라는 별명을 가진 친구가 있었다.
그는 새우처럼은 생기지 않았다. 앞으로 조금
등이 휘어진 것 때문에 별명이 새우였다.

길을 가다, 어쩌다 쳐다보게 된
횟집 간판 위에 새우가 있다.
새우의 몸은 네 번 잘려져 있다.
두 개뿐인, 머리카락 같은 긴 수염이
토막토막 잘린, 등 위로 넘겨져 있다.

파도가 그려져 있고
새우는 금방 물 위로 튀어오른 듯하다
파란 물방울이, 수없는 더듬이 같은
발에서 떨어져나와,
허공에 점 찍혀 있다.

누런 그의 오래 된 얼굴이
횟집 아크릴 간판 위에는 없다. 등을
특히 꼬리 부분을 잔뜩 구부린
그보다 다섯 배쯤 확대된 새우가

귀퉁이에
조그맣게 붙어 있다.

그를 못 본 지 삼 년이 넘어갔다.
몇 번이나 바뀐 수첩 속에
그의 전화번호가, 적혀 있는지가 아련하다.

아래층에 식당이 있다 1

썬팅 창문들은 열려 있다
뚱뚱한 아줌마가, 수돗가에 나와
스텐 보온 물통 속을 씻고 있다

찬물을 퍼붓고 있다
속을 헹궈내고 있다

덜 잠긴 수도꼭지에서
작은 고무대야에 가득
담긴 물 위로
물방울들 떨어지고 있다,
으스스한 봄 햇살
물 속에서
어른거리고 있다

찌그러진 주전자 두 개가
무엇이 있을까
머리도 없이, 스텐 보온 물통 속을 보고 있다
붉은 고무장갑이
뚜껑을 꾹 눌러 닫을 때까지

김이 피어오른다

은빛 스텐 보온 물통을 들고
아줌마가 식당 안으로 들어간다
선지국 끓이는 냄새가 올라오기 시작한다

아래층에 식당이 있다 2

正午가 되자
넥타이를 풀어헤친 회사원
식당 문으로 몰려들기 시작한다,
갑자기 골목은 복잡해진다
식당 문은 메뉴들로 빽빽하다

문구점 앞에서
아이 하나가 칭얼거린다
엄마 손을 끌고 있는 아이는
장난감 로봇이 갖고 싶은 모양,
진열장 속의 로봇들을 가리킨다

환풍기는 점심때
가장 격렬하게 돌아간다, 그곳에서
허연 연기가 잘려져나온다

이 낡은 건물의 뒤뜰은
하루종일 햇빛이 뜸하다
파리가 들끓는다, 대낮에도
쥐들이 소란을 피운다

가지들은 찢어져서 마른다
철사줄 위에
가랑이를 벌리고 걸터앉아
네 갈래의 다리를 늘어뜨리고 있다

꼬리가 길고 넓적한 가오리들
벽에 매달려 말라간다, 가오리들
번갈아가며
짧은 햇빛에게,
등과 배를 보여준다

버려진 식탁

언젠가 식탁을 하나 샀다, 꽃병
속에 꽂혀 있던 꽃들이 시들어
몇 차례 버려졌다. 그리고
꽃병 속에서 악취가 나기 시작했다.
누군가에 의해 꽃병은 엎질러지기 시작했다.

처음, 의자에 앉아 저녁을 먹으며
무슨 얘기를 나누었던가.
식탁은 저녁을 위해 차려진 적이
있었다. 의자들은 이 방
저 방으로 흩어졌다. 벗어놓은 옷이
뒤집혀, 의자 위에 쌓였다.

한 방에서 일일 연속극이 시작되고
한 방에서 흘러간 노래가 흘러나왔다.

식탁 위엔 신문지와 영수증, 플라스틱 용기와 비닐
봉지가
  올려졌다. 한때는, 그곳에서 양파를 기른 적도 있었다.
  양파 줄기는, 잘라내자마자 다시 자라났다. 점점 가

늘어져
　창문에 가 닿을 듯했다.

　말라비틀어진 양파 줄기 위에
　더 많은 신문이 던져졌고,
　영수증과 플라스틱 용기와 비닐 봉지가 쌓여갔다.

　검은 비닐 봉지 속에서,
　많은 과일들이 썩어나갔다.

　어느 날 저녁, 그것들을 들어냈다.
　몇 해 전에, 야유회에 가서 찍은 사진이 나왔다.
　오랫동안 유리 밑에 깔려 있었으나, 놀랍게도
　사진 속의 얼굴들은 잔디밭에 앉아 웃고 있었다.

마을버스 타는 곳

웬일인지
한겨울 밤에 사람들이
골목 끝까지 늘어서 있다

슈퍼 앞에서, 호빵통이
하얀 김을 날리고 있다

아이를 업은 사람,
손에 책가방을 든 사람
서류 봉투를 옆구리에 낀 사람들이
발을 동동 구르고 있다

기다리면 오지 않는 것이, 마을버스다
지겹도록 안 돌아가는 시간
누군가, 한차례 눈을 퍼부을 것 같은
음침한 하늘을 쳐다보고 있다

갑자기, 서서 갈 사람들이
날아가려는 오리떼처럼 앞으로
뛰어나간다

행복예식장……

저 줄은, 고무줄처럼 늘어나
줄지 않는다

바람을 마시다
―― 아차산에서

이 산길을 걸어가면
암자가 나온다

네 살 먹은 아이가
산중에서,
입을 벌리고 서 있다

어서, 따라오지 않고
너, 왜, 그러고 서 있니……

나, 지금, 바람을 마시고 있잖아요

아아, 철쭉이 피고 있다

빛나는 강이,
조그맣게 내려다보인다

II

붉은빛

가뭄의 저수지에서 붕어를 잡아다
고무통에 넣어둔 적이 있었다. 고무통에
찰랑거리도록 물을 퍼다 부어주었다.
붕어는 느리게 지느러미를 움직이고 있었다.
그러나 붕어는, 고무통 벽에 부딪혀
더 이상 앞으로 나아갈 수 없었다.

붕어는 더 이상 아가미를 열려 하지 않았다.
물 밖에 입을 내놓고
물 밖으로 나가고 싶어했다.

붕어의 눈이 붉게 물들기 시작한 것은
그때부터였다.

붕어는 고무통에서, 하루도 살지 못하고
물 위로 떠올랐다. 물 위에
허옇게 누웠다.

붕어가 죽자, 붕어의 눈에서
붉은빛이 사라졌다.

쥐며느리

장독을 치우고, 장독 밑에 깐 판때기를
들어냈다. 한줌의 부드러운 흙이 은밀하게
쥐며느리를 감싸고 있었다.

문이 열리자, 아니 문이 닫히자
쥐며느리들은 한결같이 둥글게
몸을 말고 있다. 몸 속에 다리를
넣고 있다. 상처를 견디기 위해
악착같이 몸을 구부리고 있다.

어디로 가란 말이냐, 쥐며느리들은
꼼짝하지 않는다.

하루살이

얼마나 열심히 죽어왔던가
그리고 얼마나 열심히 태어났던가

불빛을 둘러싸고
빙빙 도는 하루살이떼는
줄어들지 않는다

타 죽지 않으면
떨어져 죽을 목숨들에게
날개란 무엇인가……

삶이 한없이,
황홀해 보인다

자 라

거리에서
관상용 자라 한 마릴 사왔다

언젠가는 몇 주일
집을 비운 적도 있었다
자라는 죽지 않았다 자라는
두 배로 자라 있었다
뚜껑 덮인 플라스틱 어항 속에
그대로 갇혀 있었다

썩은 물 속에서
자라
그 작은 머리통을 치켜올리고
투명한 벽을 박박 긁고 있었다

조약돌이 깔려 있는 작은 어항은
자라의 독방이었다
죽어서 썩지 않고는
고통 속에서
벗어날 수 없었다

자라의 푸른 몸 그 안간힘
좁은 어항 속에 가득
들어차고 있었다

유리창을 떠도는 벌 한 마리

가을도
이젠 얼마 남지 않았다,
생각하고 있는데
벌 한 마리
좁아터진 방,
유리창을 떠돌고 있다

얼마나 아름다웠던가, 날갯소리
그 터는 소리, 유리창을 잔뜩 물들인 햇볕,
보다 넓은 감옥을 보기 위해, 가끔
열곤 하는 저 유리 창문
열어주고 싶지 않다

저러다, 언젠가, 창틀에서
우연히 발견되겠지 하면서,
날갯소리 나는 곳을 바라본다

벌은 악착같다,
유리창에 바짝 붙어 있다

항문을, 침을, 안으로 오므리고
무수한 날개로 유리창을 치고 있다

너무 큰 방패

물 속에서 나와 거북이
모래 위를 엉금엉금 기어간다
자신의 짐을 짊어지고
하룻밤 자기 위해, 이사간다

뒤집히면, 그것으로 끝장이다
제 힘으로, 일어날 수도 없다
눈을 껌벅거리며
짧은 발로, 무작정, 허공 속을
헤칠 수 있을 뿐……
깊고 넓은 가마솥에 갇혀
허우적거릴 수 있을 뿐

거북이는 납작 엎드려 있다
무거운 짐에 짓눌린 배와 가슴은
아직도 부끄럽다 죽기 전에는
보여줄 수 없다 그곳에
급소가 모여 있다

모래를 긁어내고

방을 들인 거북이,
방패 속의 방으로
머리를 넣고 있다
문을 잠그고 있다

낮은 천장 아래 엎드려
거북이는 혼자 잠든다
완벽한 몸의 요새에서
꼼짝하지 못한다 꿈도
꾸지 않는다

너무 큰 방패 속에서,
풀 한 포기 나지 않는 섬이 되어

떨고 있는 개

바람이 불어닥치는 마루 밑에서
개가 떨고 있다. 추위가 견딜 수 없어
먼지투성이, 웅덩이 속 깊이
몸을 묻고 있다. 눈을 감고
가렵지 않은 몸을 비비고 있다.

약간의 불을 얻기 위해, 숫돌 위에 쓱쓱쓱
칼을 문지르듯, 웅덩이를 파고 있다.
바람이, 먼지와 털을 쓸어가고 있다.
오랫동안 앓는 소리가 남아 있다.

눈을 감으면 불덩이가 보일 것
휘어진 활의 몸 어딘가에서 열기가
피어오를 것, 살 떨리는 고통의 소리가
숨결 위로, 가느다란 경련의 물결이
밀려오는 소리가 들려온다.

꺼칠한 털이 일어나 언덕을 넘어가고 있다.
무수히 찔리는 소리, 눈을 뜰 수 없는 밤.
울음도 제때 터져나오지 않는 밤.

개는 몸을 웅크리고 있다.
마음속의 불을 모으고 있다.
인광처럼 파란 불을……

제 비

집 질 자리를 고르는 듯, 지붕 위에 앉은
한 쌍의 제비가 재잘거리는 걸 본다.
제비의 말은 너무 빠르다. 제비의 말은
너무 길다. 나는 알아듣지 못한다.
제비들은 어떻게 그걸 다 기억하는지, 알아듣는지
모른다. 언젠가 살아본 곳이라는 듯
오랜만에 찾아와 할 얘기가 끝없이
밀려 있다는 듯. 제비는 나란히 앉아
재잘거린다. 제비들이 보고 있는 곳이 나에게는
보이지 않는다.

상처를 감추려는 사람은 어느새
말이 많아진다는 생각, 허공 속으로 눈길을 돌린다는
생각…… 제비는 하늘 높이 날아가고 있다.

두꺼비들이 돌 위에 나와 앉아 있다
―― 시냇가

냇물은 흘러가고
오리나무 그늘은 움직이지 않는다, 두꺼비들
돌 위에 나와
배를 깔고 있다

무슨 생각인가
하고 있는 것처럼
무엇인가
잃어버린 것이 있는 것처럼
두꺼비들은 눈을 깜박거리고 있다

도망갈 곳이 없다
이젠 두렵지 않다,
두꺼비들이
돌 위에 나와 앉아 있다

가까이 다가가도, 돌 위에서
떨어지지 않는다

바위산, 나무들

무엇이 있다는 말인가
끝이 없는 안간힘의 끝에
무엇이 기다리고 있다는 말인가

낭떠러지에 매달려,
평생을 살아가야 하는 나무들
바위를 파먹고 살아가야 하는 나무들

녹빛의 이파리
그 불꽃이 꺼지지 않고,
오래 타들어간다

비틀린 몸이, 드릴처럼
바위 속으로 뿌리를
박아넣고 있다

금간 바위 틈마다
나무 뿌리가 박혀 있다

끝없는 집착의 길이 지하로
지하로 나 있다

공 터

집 나온 고양이들이 늘어지게 잠을 자다 간다.

한낮의 햇빛 속에서 깨진 병쪼가리들이
빛난다. 깨진 부분을 빛낸다. 찌그러져
녹슨 깡통의 빈 속에 뿌리를 뻗고
가시 돋힌 풀들이, 온갖 쓰레기들이
쌓아올린 무덤을 덮고 있다.

이 길을 지나가는 사람들은
오물이 썩는 냄새를 참아야 한다.
얼굴을 찌푸려야 하고 얼굴을 돌리고 코를
막아야 한다. 다시는 오지 않을 것처럼
침을 뱉아야 한다.

주위의 집들은 이곳을 등지고 들어서 있다.
높은 담을 두르고 철조망을 치고 있다.
해가 지면 이곳은 곧 어둠에 묻히고 만다.

벌레들이 우는 떠들썩한 소리가 퍼져나간다.

이발소에서

웃는 돼지 머리에게
백 번쯤
머리를 숙여,
절을 하고 싶은 적이 있었다

生活이,
그것이 어려웠다
마음의 거울이라도 깨고
밖으로
멀리,
뛰쳐나가고 싶은 적이, 나라고
왜 없었겠는가

뒷머리를 깎으려고
머리를 숙이고 있다,
웃으면서 죽은 돼지 머리와
울면서 죽어간 돼지의 몸을 생각한다

항상 이 모양이었다
몸과 마음은

벌써부터 이혼 수속중이었다

액자 속에는
엄마 돼지가 누워 있다
열 마리쯤 되는 새끼 돼지에게
젖을 물리고 있다, 행복에 겨워
지그시 눈을 감고 있다

호박꽃 1

그는 안개 속의 전봇대처럼, 수증기 속에서 서성거렸다.
그는 갈비탕 전문 식당 주방장 보조였다.
그는 여름 한철을 그곳에서 다 보냈다.
흰 가운, 길고 검은 장화를 신고, 주방 안에서
가스불을 켜놓고, 하루종일 설쳤다.

부글부글 뼛국물이 끓어올랐다. 거품이
뚜껑을 열어제치고, 밖으로 흘러내렸다.
눈 내리는 눈 속, 초점 없는 눈 속엔
수증기뿐이었다. 안개뿐이었다.

가스불 위에서, 언제나 물이
펄펄 끓었다. 물이 끓어
넘쳤다. 철판 하나를 사이에 두고
불의 온도를 받아들였다. 물이
찜통을 뒤흔들었다.

그는 주방장 보조였고 정신
병자였다. 어느 날, 그는 혀를 너무 깊이
깨물고 말았다. 혀와 함께, 자기 것이 아닌

정신이, 뚝 끊어졌다.

반지하 식당 주방 철창 안에서,
그는 여름 한철을 다 보냈다.
환풍기가 왼종일, 수증기를 쏟아내고 있었다.

옥상의 호박 넝쿨 속에서, 녹슨 가스통이
붉은 호스를 길게 늘어뜨리고 있었다.

호박꽃 2

그는 가끔 고개를 치켜올렸다.
일으켜세워달라고…… 백지 같은 손을
내밀었다. 중얼거렸다. 목에 가시처럼 걸린
조금 남은 숨을 몰아쉬면서…… 눈을 감고
눈물을 흘렸다.

문병 간 병원 담벼락 아래
늙은 호박들이
말라비틀어진 뒤엉킨, 줄기를 깔고
뒹굴고 있었다. 쏟아지는 햇살 아래
탯줄을 끊지 못하고,
누런 배를
드러내놓고 있었다.

말라버린 넝쿨 끝에서
새순이 돋고 있었다.
새순이 받침목을 감고
하늘로 오르고 있었다.

언젠가 그가

얼굴을 찡그리고, 기타를 치던
가을 햇살 속으로
말벌 한 마리 날아가고 있었다.

지나간 분식점

긴 통로 끝에 있는 흰 벽,
헐은 탁자 위에
여자 셋이
머리를 맞대고 앉아 있다.

지나간 분식점엔 주인도 없고
여자 셋이 머리를 맞대고, 플라스틱
접시들을 잔뜩 포개놓고 있다.
시간 가는 줄 모르고 있다.

턱을 받친 손바닥이, 두 개뿐인
갈라진 꽃잎이라면
쉴새없이,
무슨 맛을 구걸하는 저 입 모양들이
향기로울 수 있을 텐데.

맞은편, 수족관에서
금붕어들이 꼬리를 흔들며
물 위로 떠오른다.
이젠 배가 불러, 정말 못 먹겠어.

금붕어 입에서, 물방울들이
똥글똥글해진다.

식은 음식인 줄 알고
파리들이, 여자들
얼굴 위에 붙는다.
자꾸 꽃잎을 떼어내는 여자들.
꽃에 붙는 파리를, 멀리
쫓아버리는 여자들.

도랑 끝에 걸린 유리 거울
물결 없는 호수 안에
벌써 늙어버린 백조들을 담고
어두워진다.

III

그 찻집은 구름 속일 수도 있었고

창문에 번진 노을을 바라보고 있는데

내가, 내 무덤 속을 들여다보고 있다는 느낌이 든다

차 한잔 마시러,
오랜만에 찾아온 찻집

무덤 앞에서 시드는 꽃들을,
바라보고 있다는 생각을 하기에 이른다

한낮의 풀밭

그 豚舍는 풀밭으로 변해 있네
사료를 담아놓던, 저 커다란 항아리는
금가 있었네

追憶은, 廢墟를 건너기 위해 있는 것이 아닌가

검은 몸뗑이, 주둥아리에도
녹슨 철사줄은 감겨 있었네

항아리는 풀밭 속으로 옮겨졌네
벌써부터, 주둥아리 밖으로
꽃피지 않는 풀들이 올라와
시들어가고 있었네

눈먼 것들만, 항아리 속에서
들끓고 있었던 것이네

콩 꽃

거기에 노깡의 우물이 있었고, 두 쪽으로 갈라진
우물의 뚜껑이 있었네. 뚜껑을 밀고 우물 속을 들여다
보았네. 거기에 푸른 이끼가 살고 있었네. 붕어와
송사리, 미꾸라지가 헤엄치고 있었네. 그 속에 일렁이는
물결들의 잔주름, 투명한 햇살의 그 끝을 오래도록
들여다보았네. 나는 그때, 내가 누구인지도 몰랐고
우물이 거기에만 있는 줄 알았네. 우물 속에서
어둠만이 뚜껑을 모으고 있는 줄 알았네. 우물 속에
돌을 던졌네, 고함을 쳤네, 침을 뱉았네!

어느 날, 그곳을 다시 찾게 되었네. 노깡의 우물 속,
이끼와
붕어, 송사리와 미꾸라지를 보기 위해. 휴일 아침
고속버스를 탔네. 천안군 성환읍 송덕리 1구.

병든 배나무, 양계장, 느타리버섯, 가슴에 흰 헝겊을
감은
돼지들. 그 집은 그 자리에 그대로 없었네. 우물도
메워지고 없었네. 우물이 깊던, 그 자리에 가보았네.

목 장

탱자나무의 一生이
가시까지 푸른빛으로 감싸
그 속을 짐작하지 못하게 하듯
나는 마음속에 목장을 하나
갖고 있다

목장 안엔 사과나무가 있다
녹슨 철조망 안에,
병든 열매들 주렁주렁 달고
사과나무가 서 있다

사과나무 밑은 수없이
긁혀 있다 나는 언젠가
붉게 익은 열매를 가졌던 적이 있다,

젖소들이 꼬리를 흔든다
갑자기, 채찍을 들어
자신의 몸을 후려친다

파리들이 날아간다

무엇인가 계속 빨아먹을 것이 있다
파리들은 금방 돌아온다,
다시 그 자리에 가서
붙는다

나는 육체의 철조망을 사랑한다
얼룩덜룩 찢어붙인 무늬들, 젖소들
김이 쏟아져나오는 침묵을
아귀새기고 있다

젖소의 눈은 크고 까맣고 깊다
대낮인데, 내부의 방안에 불을
켜놓고 있다

이 길을 걸을 때마다 나는
향기로운 건초 냄새를 맡는다
그 냄새는 육체의 철조망 속에서
나는 것이다

여름의 한낮
──오동나무 아래

오동나무 밑에는 평상이 놓여 있다
평상 옆에는 지팡이가
여럿 기대져 있다, 노인들이
입을 벌리고 자고 있다

털 난 벌레가
꿈틀꿈틀 기어가고 있다

평상 위에는 부채가 놓여 있다
부채는 시들지 않는다, 쩍
갈라진 수박 반 쪼가리

저 수백 장의 오동나무 이파리
부채는 시들지 않는다
푸른 부채, 너무 큰 부채들 위에
꽃이 피어 있다

노인들, 가끔 입맛을 다신다
얼마나 많은 순간들이 겹쳐
지나간 것인가, 그리고

꽃이 시든다는 것을 얼마나 오랫동안
잊고 있었던가

더 높은 곳으로
저 꽃들은 바쳐진다!

오오, 입을 다물어
씨를 만들어내는
지독한 순간들, 만난다

햇빛이 잠깐 입 속을 스쳐간다
입 속의 금이 번쩍 빛난다, 저
평상 위의 그늘은 끝없이 물결친다

오래 된 다리 밑

물 없는 다리 밑에서
하루 해를 다 보낸 사람들을 싣고
봉고차가 떠난다

타다 만 장작들의 매운 연기가
낮게 퍼져가고 있다

바닥에 피어난 코스모스들

얼굴을 가리고
얼굴을 돌리고
수줍은 웃음을 웃고 있다

벽

낮 동안, 흙탕물이 더럽힌 벽이 보인다
흘러내리다, 얼어붙은
흙탕물의 더러운 눈물 자국

벽을 환하게 비추고 있는 달빛

곧 종이 울릴 것 같다

이 넓고 텅 빈
자리 없는, 영화관 안

창 고

문을 활짝 열어놓고 들어간다
긴 창고 안의 어둠은
쉬 가시지 않는다
잘못 들어선 느낌이 든다
무엇을 찾으러 왔는지, 금방
생각이 나지 않는다

버려진 것들로 가득한 창고
한쪽 구석에
처박혀 있던 석유 난로와 부딪치게 된다
싸늘하게 식은 고철 덩이 석유 난로
그 흉물과 마주치고 만다

저 먼지 속의 쇠창살 안에, 언제
불이 켜졌던가
차가운 손을 녹인 적이 있었던가
석유 난로는
창고 안에만 처박혀 있던 것이 아닌가

여기저기로 나를 데리고 다닌다

석유 난로는
이미 추위를 견디기 위한 도구가 아니다
하얀 김을 끝없이 불고 있는 주전자
붉은 볼이
녹슨 석유 난로에서 떠오른다,
그 거실의 성에 무늬 유리창이

창고 안은 환해졌다
나는 둥그렇게 감아놓은
끊어진 전선 뭉치를 집어든다
창고 안에서 나올 때마다 나는
빠뜨리지 않고 문을 걸어 잠근다

내 몸은 여러 개의 창고
그것들의 자물통이다
지나온 삶의 못 위에
그 황금빛 열쇠들은 걸려
빛나고 있다

골목 2

지팡이 끝으로
콘크리트 바닥을 치면서,
맹인이 걸어오고 있다

비닐에 싼 장미 한 송이
가슴에 안고
색안경을 끼고

딱딱딱딱딱

부엌칼이 쉬지 않고
나무 도마 위에 무수히
제 상처를 찍듯, 어딘가
더듬어 찾아가고 있다

좁은 골목길을 걸어가고 있다

안 보이는, 수은등 밑을
지나가고 있다

갈대꽃

노을에 물든 갈대들이
늪을 즐기고 있다

이 버림받은 영원한 순간을

늦은 꽃을
바람 속에 무수히
피워놓고……

엉망진창 취해
서로 몸 비비며,
춤추고 있다

저녁의 다리 위로
줄지어 관광버스가 지나가고 있다

송덕리, 노을

지금 남은 것은 앙상한 가지와 단풍든 이파리
열매들은 알맞게 익어 가지를 떠나갔다.

사거리 상회 앞에서, 끔찍했던 배나무
과수원을 통째로 물들인 노을을 바라본다.
나는 잠깐 묵념을 한다. 열매들은 가지를
처지게 했을 뿐이다. 받침목들은
가지를 들고 있었을 뿐이다.

언덕 너머엔 청동거울 같은
저수지가 있었다.
내 영혼은 검은
산속에 숨어 잠겨 있었다. 길은
언덕 너머로 사라진다. 오지 않는다.

떨어지는 해,
조금만 더
바라보기 위해.
아이들이 뛰어올라가는 저 길은
아직 뜨겁다. 숨가쁘다.

남은 열매들의 운명이란
썩은 다음에 떨어져, 으깨어지는 것.

골목으로 접어든다, 술집
배나무 과수원은 지금
뻘겋게 불에 타고 있다.

민들레

언젠가
누군가의 머리핀에서 떨어져나온 것 같다

저 유치한 민들레꽃!

자, 여기 있다
받아라

너 가져라

늦은 봄 1

누군가 짐자전거를 끌고
언덕 위로 오른다
흰 꽃의 입 속에서
벌이,
날아간다

아이를 업은 여자가
옷가방을 들고 다리를
건너오고, 갑자기
다리가 짧아진다

벌이 날아가고,
흰 꽃의 입은 열린 채로
마른다

할말을 찾지 못하고
고개를 숙이고, 누군가
언덕을 넘어간다

늦은 봄 2
──오류리에서

술집들은 왜, 떨어져 있지 못하는가
그리고 나비들은 왜, 날개의 무늬를
평생 바꾸지 못하는가

대폿집 열어붙인 문에서
생선 굽는 냄새가 빠져나온다

꽃피는 과수원
좁은 철조망 사잇길로,
밀짚모자를 눌러쓰고
중 하나 걸어간다

철길이 지나가는
굴다리 밑으로 사라진다,
비구니 하나 뒤따라간다

시장에 갔다 오는 아줌마들
그물 같은 바구니를 내려놓고
앉아 쉬고 있다, 다리 건너 먼
길가에서

가지가지 색깔이, 나비들이
날아다닌다

몇백 년, 가지를 치지 않은 느티나무
이파리들이, 다 알 것 같다고
햇빛에 부딪힌 빛을 털어내고 있다

그 병원 앞

비 오는 밤에
기적 소리를 듣는 병실들
형광등 불빛들, 넓은
창문 속에
목련이 활짝 피어난다

목련이 피어 있다는 것만으로
그걸 한번 쳐다보는 것만으로
나는 얼마나 많은 신음 소릴 간직하고
있는 것인가

외면하려 해도 한 번은
슬쩍 쳐다보게 되는 곳
하지만 이제는, 창백한
저 꽃과 향기는 지나간 것이다

비 오는 밤에
기적 소리는 뿌리치며 지나간다
그리고 형광등 불빛들
무엇인가 담고자 노력하는 유리 창문들

신음 소리만큼 긴 기도문을
들어본 적은 아직 없다

나무다리 앞에서

바람 속의 갈대들이
막무가내
발버둥치고 있다

무슨 대단한 비밀이라도
새어나간다고
손가락 하나
입술 위에,
갖다 대는 소리를 내고 있다

쉬, 쉬, 쉬

갈대들이 들어와 살고 있는
저긴 염전이 있었던 곳,
앙상하게 썩어 걸려 있는
나무다리 밑으로
뻘물이 빠져나가고 있다

흰 머리털이 다 빠지도록
머리를 흔들고도

갈대들
아직 기억을 지우고 있다

설레임이 없는 生은
이미 끝난 것이다

빨랫줄 속에 끼어 있는 옷걸이
―― 이곳에 살기 위하여 2

저 3층 건물,
옥상으로 올라가는 녹슨 계단들
위에 빨랫줄은 팽팽히 걸려 있네, 줄 속에
끼어 있는 옷걸이 하나, 그
줄을 타고
어딘가 가고 있네

회색빛 하늘이 가까이 다가와 있네
검고 긴 고압선이
창문 밖에서 무겁게 출렁거리고 있네

이 창문의 바깥의 풍경은
닦여진 기억이 없네,
행주 자국이
안에 흐릿하네

빈 줄의 집게들을 쓸고 가는 옷걸이,
줄보다 일찍 삭아버릴 옷걸이, 온몸이
금가고 갈라져 흩어질 옷걸이, 그 무엇으로도
채워질 수 없는 헐렁함, 허연 옷걸이, 삼각형,

이 자리를 차지하고 앉아 매일 보게 되네
옷걸이, 옷걸이, 기우뚱거리며
한쪽 구석을 향하여
밀려가고 있네

옥수수밭

저 옥수수밭 속으로
가는 길이 나 있었네

어떤 날은 뭉게구름이
갈 수 없는 곳에
하루종일 떠 있었네

작고 느린 기차가
몇 배 더 큰,
산속의 터널을 뚫어놓고
지나가고 있었네

나는 옥수수밭을 걸어왔네
언덕 위에서 살고 있었네

옥수수밭 한가운데
합장한 무덤이 있었네
무덤 위로, 두 그루의 노송이
지붕을 올리고 있었네, 가지를
뻗어 서로를 끌어안고 있었네

어디론가 날아갈 듯이
노송의 가지들은
무거운 날갯짓을 하고 있었네

그 삐걱거리는 소리에, 내
마음은 하염없이
허공을 향해
노를 젓고 있었는지도 모르네

砂金 2
―― 멀리, 직산을 바라보다

이제 직산에 가지 못한다
직산에서 사금은 사라졌다, 저
썩어 흘러간 개천의 상류, 직산은
검은 얼굴을 하고 있다, 직산은
그만 망각되어져야 한다

개천 바닥의 검은 웅덩이마다
기름 덩이가 둥둥 떠다닌다
공장 굴뚝들은 허공에 길고
검은 길을 내고 있다

이 길을 거슬러 올라가면, 끝내
추억의 폐허를 확인하는 것이 되리라
희뿌연 해는 공장 굴뚝 위에 걸려
가늘게 경련을 하는 잎들, 빛나는, 줄지어
직산까지, 쭉 뻗은 미루나무들을 바라보고 있다

직산에 가면,
내 마음은 온통 폐허로 채워지리라

IV

들 판

암염소 뒤로 세 마리나 되는 새끼 염소가
따라가고 있다. 어서 가자, 어서, 고삐를 끌고 가는
암염소 뒤로, 고삐를 쥐고
담뱃불을 물고
늙은 주인이, 질질질
끌려가고 있다.

양옆으로 축 처진, 저 뛰어가는 검은 배는
죽을 때까지 불러오는 저건 뭔가?

쇠꼬챙이 말뚝이, 푹 들어가 쉬고 있는 곳.

갈아엎지 않은 논에 수북한
독새풀에서,
성냥골같이 생긴 꽃들이,
튀어나오고 있다.

견딜 수 없는 짐을 지고

무너지는 담을 떠받치고 있는
가느다란 나뭇가지 하나,
휘어지고 미끄러져 땅속으로
파고들어갔다

무너지는 담은 힘겨운 짐이었고
그 짐은 덜어지지 않았다

조금 더 기울었을 뿐
담은 무너지지 않았다

겨울이 지나가고,
마른 나뭇가지 밑에서
이파리가 피고 있다
푸른 불꽃이 타고 있다

더 미끄러질 곳 없어
허리 부러지는 나뭇가지,
견딜 수 없는 짐을 지고
절벽을 타오르고 있다

한여름밤

머릿수건인 줄 알고
마른걸레를 베고
누워 계시는 어머니

마루 위에 걸린 전깃불
벗어놓은 신발 속의 흙을
보여준다

짧은 퍼머 머리와 검게 탄 피부는
아프리카 원주민 여인을 떠올리게 한다

중나무
—— 빨랫줄

마당에 풍요로운 그늘을 드리우고 있더니
봄이 지나가도록 뻐쩍 마른 채
잎을 틔워내지 못한다.

중나무는 이미 죽은 것이다. 하지만
다시 살아날지도 모른다. 아버지는
중나무에게 톱을 대지 못한다.
중나무에는 빨랫줄이 매어져 있다.

홧술을 마시고
너희 할아버지는
일주일이 넘게 혼수 상태로 계셨지.
이제 틀렸구나 하고 묻으려고 하니
그제서야 훌훌 털어버리고 일어나셨지.

어머니는 물빨래를 털어 널으시며
할아버지 얘기를 들려주신다.

새순이, 죽은 중나무 밑에서
푸른빛을 들고 일어나고 있다.

중나무는 금방 자라오를 것이다.
곧 빨랫줄이 매어질 것이다.
빨랫줄이 더 깊이
중나무의 숨통을 조일 것이다.

빨래들이, 집게에 물려
펄럭펄럭 소리지르며
말라가고 있다.

달에 대하여

추석날 이브, 슈퍼 앞 평상 위에서
맥주를 마신다. 맥주는 거품의 쓴 맛이다.
건배, 꿀꺽꿀꺽, 입은 말을 삼키는 곳이다.

이제 사람 만나는 재미도 없어진 명절
나는 내일 올라갈 상경길을 걱정하고
있었다. 팔리지 않은 선물 세트, 슈퍼
문 앞에 쌓여 있었다.

가끔씩 슈퍼 앞을 지나가는 불빛에
공중전화는 푸른빛, 커피 자판기 온도는
93도를, 그대로 유지하고 있었다.
북어포는 딱딱해져
앞니로는 뜯을 수 없었다.

슈퍼 벽에 붙어 있는
붉은 우체통, 슈퍼는
불을 끄고
커튼을 치고
비디오를 보고 있었다.

달은 얇은 금화 같아 보였다.
그 금화에, 오래 전에 판 조각이
남아 있었다. 언젠가, 새기다 만
먼 흉터가 달에는 있었다.

달은 未完의 조각품을 가지고,
어딘지 모르는 곳으로
航海하고 있다.

저 환한 창고 안에

검은 강물처럼 아스팔트는 도시로 흘러간다.
버스 정류장 표지판은 돌멩이 자국을 가득 담고
기울어져 있다. 아무도 나다니지 않는 길 위에
땡볕만이 이글이글 불타고 있다.

창고 앞 공터에 멍석이 깔린다.
이처럼 생긴 참깨가 자루에서
쏟아져나온다. 늙은 손가락들이
멍석 위의 참깨를 헤쳐 넌다.

경운기 짐칸, 노타리기가
풀더미 속에 숨어
녹슬어가고 있다.

비료들, 시멘트들, 석회들, 사료들
그 많은 부대를 비우고
저 창고는 버려졌다.

트럭의 긴 짐칸이 꽁무니를 대고 있던
푸른 문 속, 캄캄한 내부는 사라졌다.

무쇠 자물통도, 문짝도
떨어져나갔다.

빈 병과 비닐 봉지, 슬레이트 쪼가리와
콘크리트 덩어리가, 어지럽게
나뒹굴고 있다.

밑으로 뚫고 들어간 쥐구멍들
그걸 지켜보고 있다.

떨어져나간 철창 속으로
들판이 조금 들어와 있다.
저 환한 창고 안에
다 자란 풀들이, 씨를 남기고
시들어가고 있다.

오동나무는 열매를 남기고

1
죽기 전에 그는 농협의 서기였다. 그는 오토바이를 타고
다녔다. 먼지의 길 십오 리. 아카시아 터널 속을 오갔다.
어느 날, 그 아득한 길을 따라 달리다
가로수를 들이받았다.

2
그들 부부는 물려받은 기와집에서
몇 년을 살았다. 문 닫힌 집. 깊은 우물의 하늘 속으로
흘러가는 구름. 끝없이 가라앉는 꽃잎. 이른 아침 여자 혼자
푸른 가방을 메고 나왔다. 화장품이 가득한 푸른 가방을 메고
여자는 사라졌다. 푸른 부채. 푸른 옷. 그러나 언제나 푸르지 않은
열매, 주름 위에 화장을 떡칠하는 여자. 잎 없는 나무 끝에서 위태로운
여자는 쭈글쭈글 말라가고 있었다.

여자는 한동안 한 곳의 불만을 켰다.
여자는 열매 속에서 벌레처럼
꿈틀거렸다. 시든 열매를 감추기 위해, 속 빈 열매를 감추기 위해
어디론가 떠나갔다.

3

그가 아직 살아 있다면, 부엌에 앉아
애 못 낳는 여자를 위해 부채를
부치고 있을 것이다. 오동나무 열매를 달이는 푸르고 매운 연기가
기와집 굴뚝에서 빠져나와, 천천히
겨울 하늘을 덮어갈 것이다.

그의 눈은 아직도 붉을 것이다.

기와집 1

겨울이 갔다, 두런두런 꽃피는 숨죽인 나무.
숨은 벌들이 기어나와 날아간다. 죽은 나무는
죽기 전의 모습을 그대로 간직하고 있다.
꽃피는 봄. 숨쉬는 봄. 기왓장을 열고 풀이
솟아난다. 나무 대문이 삐걱거리고, 뼈가
부스러지는 소리가 울려퍼진다.

아이들은 손을 흔들며
학교에 간다.

비명 소리 뒤에 찾아오는 고요, 우물 속에 모여 사는
고요, 햇살은
주름 위에서 반짝거린다. 어디에도 쉽게 머물지 못하는
앙상한 그림자, 먼지 앉은 털실 한 켤레, 텅 빈 마음
속에서 벌어지는 꽃 한 송이.
입을 닫는다, 넓은 돌 위에 앉아
노인은 가래를 삭인다. 반쯤 눈을 감는다.

썰렁한 봄, 잎이 피어난다.
피어난다, 아무도 건드리지 않는 한낮의 거친 숨

결……
뒤에 가 숨고 싶다.

방들은 모두 비어 있고
문은 활짝 열려 있다.

길들은 아지랑이를 피운다. 아득한 길들은
눈을 감아야 보인다. 눈앞이 캄캄한 봄이, 꼬불꼬불
승천한다.

기와집 2

죽은 줄 알고 잘라버린 호도나무가
뒤늦게 새순을 피워낸다, 새롭게 태어난다!
죽은 줄 알고 묻어버린 사람들이
어느 날, 갑자기 찾아온다.

검불들이, 날아가려고, 꿈틀거린다.

굴뚝 옆에 세워놓은 나무 사다리
검버섯이 피고 있다, 뒤뜰에 딸기꽃이 저절로
하얗게 피어났다.

오줌통이 쉴새없이, 부글부글
거품을 몰아 올리고
역겨운 냄새가 퍼져나간다.

현기증 속을 새들이 날아간다,
물 없이 깊은 물 속을
날아서 간다……

하늘은 언제나 푸르렀고

무너지지는 않았다.

종달새 한 마리가 하늘 끝으로 솟구칠 때
아아아, 엉킨 마음의 실타래도 따라 풀려나간다.

기름 짜는 집

저기, 짐을 지고
기름집 주인이 걸어오고 있다.
잔뜩 구부러진 논둑길을
걸어오고 있다.

그는 일찍이 집을 한 채 물려받았다.
그의 집은 불구의 몸이다.
그 집 금방 쓰러질 듯
위태로워 보인다.

불편한 한쪽 다리를
작대기 하나에 의지한 채, 짐을 지고
그는 걸어오고 있다.
그가 사용하는 목발을
눈치챈 사람은 많지 않다.

마지막 한 방울까지
기름을 짜내듯
이를 악물고 있다.
그의 눈은 점점 작아져

감기기 직전이다.

그의 집은 오랫동안
비틀어 기름 짜는 냄새로
찌들어왔다.

짐을 지고, 그가
다시 집 안으로 들어가고 있다.

바 다

모처럼 찾아간 고향집,
겨울 한낮의 집 안은
무덤 속이다

흙탕물 범벅된 옷과 양말들
구석쟁이로 밀어붙이고, 드러눕는다
끌러보지 않은 농민신문들
흰 완장을 두르고,
옷과 양말들 사이에서
튀어나와 있다

마루 위에 주렁주렁 열린 메주에게서
곰팡이가 피어난다!

숨소릴 찌를 듯
콘크리트 바닥을 뚫고 들어갈 듯
거꾸로 매달린 고드름, 고드름, 고드름,
제 살을 깎아먹고 있다

김 뜯으러

질퍽거리는 길을 걸어갔으리라,
다 바다에 갔으리라

며느리밥풀꽃

내가 집의 그늘이었을 때
저 꽃들은 그늘에서의 추억이었고,
내가 밥 먹으러 들어갔을 때
저 꽃들은 아무것도 아니었다

지나간 세월의 쪽문 앞에서,
이 얼굴 붉힌 꽃들은
무더기로 피어
있다

갑자기 쪽문이 젖혀지고
작대기를 들고,
누군가 쫓아나올 것 같다

밥 먹어라, 몇 번 불러주어야
못 이기는 척 들어간 집

하염없이 부스럭거리던, 겨울의 그 많던
씨방들은 어디로 다 사라져버리는 것인가

⟨해 설⟩

폐허를 건너는 법

정　과　리

追憶은, 廢墟를 건너기 위해 있는 것이 아닌가
───「한 낮의 풀밭」

　시가 무엇을 증거할 수 있을까? 아우슈비츠 이후, 베를린 장벽의 붕괴 이후, 보스니아 이후…… 이런 조건절들을, 아니 차라리, 확언절들을 달고 그 말은 수없이 반복된다. 그것은 흔히 역정을 동반한다. "아우슈비츠 이후 모든 문화는, 그에 대한 가장 절박한 비판까지 포함하여, 쓰레기이다"라고 아도르노는 구토하듯이 말한 적이 있다. 그러나 구역질이란 역겨움 이전에 넘쳐남이 아닌가? 실로, 말의 격정은 말의 내용을 넘쳐나는 법이다. 그것은 때로 자신의 부정을 탐식한다. 마치 시한부 생명을 선고받은 사람이 남은 생을 즐기듯이, 그것은 시의 종말을 쾌락적으로 탐닉하기도 한다. 그 탐닉이 어디에서 오든, 모든 탐닉은 현재에 대한 가장 치열한 증언이 아닐 수 없다. 더욱이 종말에의 탐닉은 어떠한 사후적 결실도 바랄 수가 없기 때문에 그 정념은 오직 현재에서 현재로만 굽이친다. 이 "제 곡조를 못 이기는 사랑의 노래"는 그럼으로써, 증언자와 증거를, 증언 행위와 사건을, 주관과 객관을 하나로 융합시킨다. 그것은 현재의 닫힌 원환을 소용돌이치면서 그것을 뜨겁게 달군다. 그것은 그렇게 파국이 보여줄 수 있는 최대치의 황홀경을 그린다. 그러니, 그곳에 죽음이 있는가? 시의 죽음에 대한 모든 선고는 실은 시의 생명 에너지를 최대한도로 발산시키는 행위가 아닌가?

이윤학의 시가 그리는 세계는 한결같이 종말의 음침한 냄새를 풍긴다. "죽어가는 포도 넝쿨"(p. 13), "버려진 다리 위에 쭈그리고 앉은 노파"(p. 14), "허옇게 말라버린/고추"(p. 14), "낡은 골조 속에서 터져나와/녹슬어 있"는 "떨어져나간 난간. 엿가락처럼 구부러진 철근들〔……〕/앙상한 뼈들"(p. 14), "아무것도 살지 못하는 버려진 간척지"(p. 16), "하루종일 햇빛이 뜸"한 "낡은 건물의 뒤뜰"(p. 24), "벽에 매달려 말라"가는 "가오리들"(p. 25), "꽃병/속에 꽂혀 있"다가 시들어 "악취〔를 내기〕 시작한" 꽃들(p. 26), "앙상하게 썩어 걸려 있는/나무다리"(p. 80), "찌그러져/녹슨 깡통의 빈 속에 뿌리를 뻗고/가시 돋힌 풀들이, 온갖 쓰레기들이/쌓아올린 무덤을 덮고 있"(p. 47)는 공터…… 시집에서 듬성듬성 되는 대로 뽑아보아도 온통 죽어가는 것들투성이이다. 그것들은 어떠한 바깥으로부터의 눈길이며 심지어 보살핌도

받지 못한 채로 녹슬고 바래고 시들고 썩어간다. 그것들은 그저 그렇게 최후의 역겨운 소멸을 견디고 있는 듯이 보인다.

이 소멸과 죽음을 왜 증언하는 것인가? 실은 그것을 물어야 한다. 모든 증언은 삶을 그 생생한 현전의 순간에 포착하는 것이니, 죽음의 증언 또한 가장 살아 있는 죽음을 보여주는 것이 아닐 수 없기 때문이다. 실로 시인이 불문곡직하고 독자를 이끌고 가는 곳은 죽음의 현장이 아니라 말 그대로 치열한 생의 현장이다. 보라, 그곳, 온갖 것이 버려져 썩어가는 공터에 "벌레들이 우는 떠들썩한 소리가 퍼져나"(p. 47)가고 있으며, 쭈그리고 앉은 노파는 "굽은 허리를 지팡이 하나에 의지한 채, 〔……〕/실눈을 뜨고 일어"(pp. 14~15)서고, "버려진 간척지, 내/가슴속의 웅덩이의 물은/출렁거리고 있"(p. 16)고, "바람 속의 갈대들〔은〕/막무가내/발버둥치고 있"(p. 80)지 않은가? 그것도, "흰 머리털이 다 빠지도록" 그렇게 하고 있지 않은가? 그런 장면들 중의 가장 수일한 이미지 하나는 횟집 간판에 그려진 새우에 대한 묘사이다:

> 파도가 그려져 있고
> 새우는 금방 물 위로 튀어오른 듯하다
> 파란 물방울이, 수없는 더듬이 같은
> 발에서 떨어져나와,
> 허공에 점 찍혀 있다.
> ——「횟집 간판 위에 새우」(p. 20)

손님이 들 때마다 토막나 접시 위에 오를 새우. 그것을 투영하듯이 간판 속의 "새우의 몸은 네 번 잘려져 있다./두 개뿐인, 머리카락 같은 긴 수염이/토막토막 잘린, 등 위로 넘겨져 있다." 그러나, 그 등 위로 넘겨진 수염은 마치 토막남의 운명을 초월하는 통로이자 동작인 듯이 보인다. 곧 이어서 산 채로 물 위로 튀어오른 새우가 화자의 시선에 스냅된다. 그가 튀긴 "파란 물방울"은 "발에서 떨어져나와/허공에 점 찍"힌다. 그것으로 새우는 몸의 숙명을 초월하는 듯하다. 그리고 그대로 머물러 빛나는 정지를 이룬다. 삶의 최대치의 순간을 영구화시키는 그 동작으로. 그때 새우는 더 이상 간판 '속에' 그려진 새우가 아니다. 그것은 제목에 쓰어진 바대로 간판 '위에'[튀어오르는] 새우다. 다시 말해 새우는 운명을 넘어 그 위로 솟아올랐다. 아니 그림은 더 이상 '새우'라는 실체를 지시하고 있지 않다. '위에'는 제목을 미완의 문장인 채로 유보시킨다. 독자는 그 미완의 문장 뒤에 '가 튀어올랐다' 등의 동사를 붙이지 않을 수 없다. 결여가 실체에 동작을 달아주는 것이다. 그림이 드러내는 것은 고정된 이미지가 아니라 정지로서 곧 움직임(동사)인 '이미지-운동'(들뢰즈)이다. 그 운동은 멈추지 않는다. 왜냐하면, 새우는 간판 위로, 다시 물방울은 새우의 몸 위로 반복적으로 튀어나가기 때문이다. 이 운동의 연속성을 표출하는 이미지-운동은 정지-이미지의 강화와 대비되어 극대화된다. 접시에 오르는 것이 새우의 운명이라면, 간판 '속에' 그려진 그것의 토막진 꼴들은 그 운명을 미리 실현시킨다. 새우는 도마 위에서 잘리고 이빨 사이에서 잘게 쪼개질 것이다. 잡힌 것들의 운명이란 그렇게 잡은 자의 먹이로, 먹힘의 기능만을 가진 영양 원소로 해체될 것이다. 이 예감이 간판의 그림으로 단번에 순식간의 파노라마로 집약된다. 그러니, 그 정지—이미지도 그대로 멈추어 있는 것이 아니다. 그것은 마치 타임—랩스 카메라에 찍힌 죽은 쥐처럼 오랜 소멸의 길을 급속하게 밟아간다. 급속하게 밟아가되 느릿느릿 연상시킨다. 저 오랜 운명을 환기시킬 듯이. 독자가 읽는 것은 바로 이미지—운동의 연속성만도 아니며, 정지—이미지의 부동성도 아니다. 그가 읽는 것은 이 두 이미지의 동시적이고 어긋난 대비 운동이다. 바로 그것이 위에서 인용된 새우의 산 몸짓을 최대한도로 선명하게 부각시킨다.

이제 이윤학 시의 비밀 두 가지를 눈치챌 듯하다. 그의 시는 죽음과 삶, 정지와 운동이라는 상반된 것들을 어긋나게 순환시키며 대비시킨다는 것이 그 첫 비밀이다. 그 대비를 특성화시키는 동력은 일종의 시간 조절학으로부터 나온다. 「횟집 간판 위에 새우」에서 선명하게 드러난 이 특유의 운동 기술을 '축시 연접 교차'라고 이름붙일 수 있다면, 축시 연접 교차는 실로 그의 모든 시의 동력이 되고 있음을 확인할 수가 있다. 가령,

    엉망진창 취해
    서로 몸 비비며,

춤추고 있다

저녁의 다리 위로
줄지어 관광버스가 지나가고 있다 ──「갈대꽃」(p. 71)

에서의 '관광버스'와 '저녁의 다리'의 포개짐은 가난하고 늙은 몸의 비애(그리고 그것의 한없음: 줄지음)와 그것을 한풀이하듯 폭발하는 광란(그리고 그것의 단속성: 다리 위의 관광버스들)의 대비이다. 또는,

부글부글 뼛국물이 끓어올랐다. 거품이
뚜껑을 열어제치고, 밖으로 흘러내렸다.
눈 내리는 눈 속, 초점 없는 눈 속엔
수증기뿐이었다. 안개뿐이었다. ──「호박꽃 1」(p. 50)

에서의 '부글부글 끓는 뼛국물'과 '초점 없는 눈—수증기' 사이의 급격한—튀어오름과 아득한—퍼짐의 대비도 같은 운동을 보여준다. 하나만 더 읽어보기로 하자. 버려진 식탁을 묘사하고 있는 다음의 시구:

처음, 의자에 앉아 저녁을 먹으며
무슨 얘기를 나누었던가.
식탁은 저녁을 위해 차려진 적이
있었다. 의자들은 이 방
저 방으로 흩어졌다. 벗어놓은 옷이
뒤집혀, 의자 위에 쌓였다.

한 방에서 일일 연속극이 시작되고
한 방에서 흘러간 노래가 흘러나왔다.

식탁 위엔 신문지와 영수증, 플라스틱 용기와 비닐 봉지가
올려졌다. 한때는, 그곳에서 양파를 기른 적도 있었다.
양파 줄기는, 잘라내자마자 다시 자라났다. 점점 가늘어져
창문에 가 닿을 듯했다.

말라비틀어진 양파 줄기 위에
더 많은 신문이 던져졌고,
영수증과 플라스틱 용기와 비닐 봉지가 쌓여갔다.

검은 비닐 봉지 속에서,
많은 과일들이 썩어나갔다.

어느 날 저녁, 그것들을 들어냈다.
몇 해 전에, 야유회에 가서 찍은 사진이 나왔다.
오랫동안 유리 밑에 깔려 있었으나, 놀랍게도
사진 속의 얼굴들은 잔디밭에 앉아 웃고 있었다.
———「버려진 식탁」(pp. 26~27)

한쪽에 버려짐의 과정이 있다. 그것은 의자들이 흩어지고 옷가지, 잡동사니가 쌓이며 과일들이 썩어가는 일들이 한달음에 전개되는 것으로 나타난다. 이 과정과 교차되면서 다른 쪽에 한 가족이 화목했고 삶의 의욕이

있었던 옛날로 거슬러 올라가는 과정이 있다. 일일 연속극/흘러간 노래—양파 줄기—야유회 사진으로 이어지는 과정이 그것이다. 사실과 회상, 진행과 회귀라는 두 개의 시간이 포개져 있는 것이다. 주목할 만한 것은, 그러나 포개져 있다는 사실 이상으로, 그 중첩의 양태이다. 전자의 과정은 연속적이고 누적적이다. 그것은 식탁이 폐허로 변해가는 과정을 하나하나 보여준다. 반면 후자의 과정은 단절적이고 변형적이다. 일일 연속극/흘러간 노래와 양파 그리고 사진 사이에는 명시적인 연관이 존재하지 않는다. 다음, 그것들은 각각 흐름의 성질을 가지고 있다. 전자의 각 국면들이 차곡차곡 쌓이는(혹은 차례차례 어질러지는) 모양을 보여주는 데 비해, 후자의 각 국면들은 흘러간 노래처럼 다른 무언가를 이어서 내보낸다. (닫힌) 방에선 흘러간 노래가, (동그란) 양파에서는 (길쭉한) 양파 줄기가, (파묻힌) 사진 속에선 웃는 얼굴이. 이렇게 양태가 다르기 때문에 두 과정은 평행적으로 대립하지 않고 서로 어긋난 모양으로 대비된다. 그런데 후자의 과정은 어떻게 가능한 것일까? 시는 딱딱해지고 누적되는 폐허화의 과정 바로 그곳으로부터 그것이 발생하였음을 보여준다. 인용된 시구의 바로 앞부분에서 "꽃병 속에서 악취가 나기 시작했다./누군가에 의해 꽃병은 엎질러지기 시작했다"라고 적혀 있지 않은가? 수동적 버려짐은 곧 무엇인가를 엎질러 흘려보내는 능동적 행위로 변모한다. 그 꽃병은 그러니까 폐허의 구멍이라 할 수 있으며, 그 구멍은 땀구멍이 그러하듯 일종의 분비샘이다. 그래서 죽음의 폐허로부터 삶의 물기를 솟아나게 하는 것이다. 때문에, 엎질러진 꽃병 다음에 이어지는 흐름의 사건이 "한 방에서 일일 연속극이 시작되고/한 방에서 흘러간 노래가 흘러나왔다"는 것은 언어학적 문맥에서는 어색하지만 시적 문맥에서는 꽤 자연스럽다. 우선 '일일 연속극'은 식탁의 버려짐을 더욱 방치하는 것처럼 보인다. 그것은 바깥의 사태를 외면하고 방의 폐쇄성에 탐닉한다. 그러나 또 한 방에선 흘러간 노래가 흘러나온다. '흘러간 노래'는 '일일 연속극'과 문화적 층위에서 동위체임을 먼저 주목하기로 하자. 흘러간 노래도 일종의 현실을 잊는 도구이다. 두 행은 되풀이, 즉 강조로 처음엔 읽힌다. 그러나 그 동위체가 실은 다른 일을 벌인다. 흘러간 노래의 흘러나옴은, '흘러간' 노래를, 다시 말해, 지나가버린 옛날을 되살리는 행위이기 때문이다. 진행(흘러감)은 어느새 회귀(흘러간 노래를 기억함)가 된 것이다. 그리고 이 회귀의 행위에 뒷받침되어 양파 기른 기억을 되살리고 유리 밑에 깔린 옛 사진을 찾아낼 수 있었던 것이다. 따라서 회상 과정을 구성하는 사건들은 표면적으로는 상호 단절되어 있지만, 특이한 방식으로 연결되어 있다. 특이하다는 것은 폐허화 과정을 구성하는 사건들이 연속적인 데 비해 그것들이 연결되는 방식은 그와는 다르다는 것을 뜻한다. 그 방식을 당장 이름붙이긴 힘들다 하더라도 그 윤곽을 독자는 금세 느낄 수 있다. 첫째의 흐름은 "시작되고"의 '되고'와 "흘러나왔다"의 '흘러나옴'이 지시하듯이 불수의적이고 거의 생리적인 분비이다. 그와는 반대로 두번째의 양파 자람은 "양파 줄기는 잘라내자마자 다시 자라났다"의 '자라났다'가 지시하듯이 의지적이다. 게다가 그것은 의지를 운명 그 자체로("잘라내자마자 다시") 만든다. 그것은 폐허화의 운명에 숙명적 의지로 맞서는 듯하다. 그러나 그 맞섬은 실제적인 승리를 이끌어내지는 못한다. 양파 줄기는 "점점 가늘어져/창문에 가 닿을 듯했다." 양파 줄기의 가늘어짐은 이중적인 성격을 갖는다. 우선은 가늘어져야만 이 누적되는 잔해를 뚫고 탈출할 수가 있다. 점점 가늘어지면 창문에 가 닿을 수 있고 창문 밖으로 나갈 수 있다. 그러나 동시에 그것은 힘의 약화를 가리킨다. 가늘어질수록 폐허의 세계에 저항할 힘을 잃는다. 그것은 따라서 어느새 "말라비틀어"지고 그 위를 잡동사니들이 덮는다. 일종의 역설, 불가해한 딜레마가 연출된다. 죽음을 가했더니 생명이 솟아오르고 생명을 주었더니 죽고 마는 것이다. 역설이 역설다운 것은, 그러나, 그것을 이루는 두 항의 어느 하나에게 완전한 승리의 손을 들어주지 않는다는 데에 있다. 다시 말해, 그 허약한 양파 줄기는 말라비틀어졌어도 존재하는 양파 줄기이다. 양파 줄기의 가늘어지려는 의지는 양파 뿌리의 둥그런 실존을 짐작하게 하는 표지로 남는다. 그렇기 때문에 마지막 제3항에서의 "오랫동안 유리 밑에 깔려 있었으나, 놀랍게도 사진 속의 얼굴들은 잔디밭에 앉아 웃고 있었다"는 발견이 가능해진다. 폐허의 밑바닥에 환한 삶이 여전히 생생하게 살아 독자를 충격한다. 죽음은 사라짐이 아니라 죽음 저 너머로의 생생한 기억인 것이다! 그것을 본 사람이라면 당연히 폐허를 혐오치 않을 수 없다. 일일 연속극을 보던 방안에서 튀쳐나와 미친 듯이 식탁 주변에 쌓인 쓰레기 더미를 치우지 않을 수 없을 것이다. 최초의 자연 발생적 회귀는 여기에서 강한 회오리를 동반한 회귀함이 된다. 회귀의 존재태가 회귀함의 존재론으로 바뀌는 것이다.

이 절단된 단면들의 연결 방식을, 이제, 시간의 구부림에 의존하고 있다고 말할 수 있지 않을까? 그것은 강력한 중력파를 동반하면서 극단적으로 휘어지면서 이어진다. 마치 워프, 즉 웜홀 사이의 공간 이동이 그러한 것처럼. 그러니, 절단 지점은 삶의 물줄기가 새어나오는 분비샘일 뿐 아니라 동시에 벌레 먹은 구멍이었던 것이다. 그것은 시·공간의 극단적인 구부러짐에 의해서 끊어진 시간대들 사이를 훌쩍 이동한다.

앞에서 '축시 연접 교차'라고 이름붙였던 이윤학 시의 방법론이 이제 디테일을 얻는다.

① 이윤학의 시는 상반적 이 항(현실/회상, 죽음/삶, 물/불)의 어긋난 대비와 중첩을 기본 구조로 갖는다.

② 두 개의 항목에는 각각 일종의 시간 줄임이 작용하고 있다.

③ 하나의 시간 줄임이 압축에 의한다면 다른 하나의 시간 줄임은 절단과 구부림에 의존하고 있다.

④ 후자의 절단은 전자의 딴딴해진 몸체에 상처를 내고 다른 삶의 가능성을 연다

⑤ 이 절단된 단면들의 워프는 직선적으로 이루어지는 것이 아니라 공간 변개(흐르는 노래→양파 줄기→

사진: 수평→수직→수평)와 선율(등위→높이→깊이→등위)과 장장단격의 장단(흐름→자라남→튀어나옴)을 수반한다.

이로써 그의 시는 시의 본질에 접근한다. 현실의 한결같은 산문성에 예측 불가능한 율동과 리듬을 부여함으로써 다른 세상의 길을 여는 것 말이다.

이윤학 시의 두번째 비밀은 이 시적 방법론이 낳는 시적 효과에 있다. 시인이 이렇게 죽음과 삶을 포개어놓고 그것들을 대조시킨 이유는 무엇인가? 죽음의 극복을 위해서일까? 다시 말해, 시인은 삶의 아름다움을 보여주기 위해 부러 정반대의 무대를 선택한 것일까? 죽음 속에서 꽃피는 생의 의지야말로, 죽음과 대조됨으로써 더욱 돋보이는 것이 아니겠는가? 과연 "봉숭아 씨방들은/담벼락 밑에서 무엇인가/숨기고 있다,/그걸 터트리기 위해/누렇게 익어가고 있"어서 '나'는 "이 얼음과도 같은/마루에 앉을 때마다 〔……〕/위로를 받곤 한다"(p. 12). 또, 아주 사소한 삶의 몸짓에도 쉽게 감동할 줄 아는 시인은 "산중에서 입을 벌리고 서 있"는 아이가

나, 지금, 바람을 마시고 있잖아요

라고 대답하는 한마디에,

아아, 철쭉이 피고 있다

빛나는 강이,
　　조그맣게 내려다보인다　　——「바람을 마시다」(p. 30)

고, 탄성을 발한다.

　그러나, 조심하기로 하자. 그 위로며 감동은 사실 화자의 환상이며 독자의 착각인 것이다. 그것도 무서운 착각이다. 왜냐면, '나'가 위로를 받는 사이에 "죽어가는 포도 넝쿨과 가느다란 철사줄의 그림자,/움직이지 않는 그물을 드리우기 시작"하기 때문이다. 그것은 위로받은 마음을 순식간에 감옥으로 만들 것이다. 또한 탄성을 지른 '나'는 어떠한가? 그의 시선은 아이의 말에 대번 환한 꽃핌을 본다. 철쭉은 바로 그의 정면에서 눈동자를 가득 채우며 피어났다. 일종의 지복직관을 체험한 것이다. 그러나 곧 이어서 나의 시선은 직하한다. 눈은 철쭉에서 빛나는 강으로 이동하고 그리고 그 빛나는 강은 "조그맣게 내려다보인다." 왜? 그것이 아주 순간적인, 따라서 곧 배반될 느낌이기 때문이 아닐까? 화자는 아차 하는 순간에 다시 현실로 돌아오지 않을 수 없는 것이다 (그래서, 부제가 '아차산에서'일 것이다). 그 순간성에 대한 순간적 느낌이 그 느낌의 아득함 때문에 저 아래로 낙하하는 공간적 깊이로 변형되어 드러난 것이다. 따라서, "아아, 철쭉이……"의 '아아'는 충만과 희열의 감탄사가 아니다. 오히려 그것은 빈혈의 현기증이 터뜨리는 소리이다. 생의 현장에도 여전히 생은 없고 생의 급격한 휘발만이 있는 것이다.

바로 그 점에서 그의 시의 인물들, 사물들은 이중적으로 소외되어 있다. 안 세상과 바깥 세상 모두에게서. 혹은, 현실과 꿈 모두로부터. 시의 화자는 어느 문으로도 들어갈 열쇠를 갖지 못하고, "이중의 철문 앞에서 서성인다"(p. 18). "마음의 거울이라도 깨고/밖으로/멀리,/뛰쳐나가고 싶은 적이, 나라고/왜 없었겠는가"라고 그는 항변한다. 그러나 그는 그게 무의미한 일임을 알고 있다. 이발소의 그림은 그것을 적나라하게 보여준다. "액자 속에는/엄마 돼지가 누워 있다/열 마리쯤 되는 새끼 돼지에게/젖을 물리고 있다, 행복에 겨워/지그시 눈을 감고 있다"(pp. 48~49). "뒷머리를 깎으려고/머리를 숙"인 그에게 그 이미지가 겹치고, 그는 "웃으면서 죽은 돼지 머리와/울면서 죽어간 돼지의 몸을 생각"(p. 48)하지 않을 수 없다. 모든 행복은 죽음으로 이어지는, 죽음을 은폐하는 통로이다.

이윤학의 시는 그러니 생의 아름다움을 보여주지 않는다. 그것은 오히려 모든 생의 의지는 헛되다고 말하는 듯하다. 그의 시는 결코 구원의 시, 극복의 시가 되지 않는다. 절망적 상황 속에서 끝까지 생의 의지를 놓지 않는다는 것처럼 말하기 쉽고 상투적인 것은 없다. 정말 절망 속에 빠진 자는 함부로 그런 말을 하지 못한다.

그러니, 앞의 분석에서 무언가가 수정되어야 한다. 무엇보다도 분석 도중에 저도 모르게 배어든 흥분이 제거되어야 한다. 이 세상에 타임 머신은 없다. 현실을 거슬러 올라가는 회상의 굽은 동작은, 생동하는 도약처럼 보이지만, 실은 일종의 뒤틀린 이미지다. 그 뒤틀린 이

미지를 아주 선명하게 보여주는 예:

  기다리면 오지 않는 것이, 마을버스다
  〔………〕

  갑자기, 서서 갈 사람들이
  날아가려는 오리떼처럼 앞으로
  뛰어나간다   ──「마을버스 타는 곳」(p. 28)

 기다리면 오지 않는 마을버스가 기다림에 지쳐 포기할 때쯤 불현듯 나타난다. 그리고 사람들은 다투어 뛰어나간다. 시인은 그들이 "날아가려는 오리떼" 같다고 생각한다. 왜? 저마다 마을버스에 인생을 던지고 있으니까. 마치 그것을 타면 신천지에 도달할 수도 있다는 듯이. 그러나, 버스 안에서도 사람들은 기껏 서서 갈 것이다. 버스는 기껏 이 세상 안을 맴돌기만 할 것이다. 그 오리떼처럼 내딛는 동작들은 이미 꺾여 있다. 그것들은 버스를 향해 뛰쳐나가다가 문득 영원히 정지해버린, 그래서, 관절이 기이하게 비틀린 채로 굳어버린 그런 포즈를 연상시킨다.
 또 다른 예:

  식은 음식인 줄 알고
  파리들이, 여자들
  얼굴 위에 붙는다.
  자꾸 꽃잎을 떼어내는 여자들.

꽃에 붙는 파리를, 멀리
쫓아버리는 여자들.　　　——「지나간 분식점」(p. 54)

우산 셋이 모여서 나란히 걸어가듯이, 여자 셋이 모여서 부지런히 손을 놀리고 있다. '지나간 분식점'의 "헐은 탁자 위에"서, "머리를 맞대고." 접시 위에는 아마도 떡볶이나 만두·튀김 같은 것들이 있으리라. 그들의 "턱을 받친 손바닥"은 마치 "갈라진 꽃잎"처럼 보인다. 여자는 본래 꽃과 동류 아닌가? 정말 꽃잎이라면 "무슨 맛을 구걸하는 저 입 모양들이/향기로울 수 있을 텐데," 그러나 그 손바닥은 꽃잎이 아니다. "시간 가는 줄 모르고" "쉴새없이,/무슨 맛을 구걸하는 저 입 모양들"은 오히려 맞은편 수족관의 금붕어들을 닮았다. 물에 물려서 "이젠 배가 불러, 정말 못 먹겠어," 말하듯이 물방울을 똥글똥글 뿜어내는 금붕어들 말이다. 여자들의 손놀림이 계속될수록 여자들은 금붕어, 떡볶이, 만두처럼 둥글둥글해지고, 여자들의 입 주위에는 끊임없이 음식물의 냄새가 보글거린다. 그리고 그러자 파리들이 여자들에게 달라붙는다. "식은 음식인 줄 알고." 파리의 입장에서는 여자들은 냄새를 풍기는 음식들이다. 여자들은 손을 턱에서 떼내어 음식을 먹고 파리를 쫓아버리는 일을 교대로 되풀이한다. 여자들을 훔쳐보는 시선의 욕망은 그것을 자꾸 꽃잎이 떼어지는 것으로 보고 싶지만, 그러나, 파리 때문에 그렇게 보지 못한다. "하지만 이제는, 창백한/저 꽃과 향기는 지나간 것이다"(p. 78). 여자들은 꽃잎인 듯하나, 실은 냄새나는 '식은 음식'이

다. 꽃은 오물로, 향기는 쉰내로 거듭 추해진다. 그 끝에 화자는 적는다:

> 도랑 끝에 걸린 유리 거울
> 물결 없는 호수 안에
> 벌써 늙어버린 백조들을 담고
> 어두워진다.

이 뒤틀린 이미지들은 그러나 단순히 슬프고 쓸쓸한 세상 인식만을 보여주는 것은 아니다. 그것에는 일종의 윤리학이 개입하고 있다. 양쪽의 세상 모두로부터 버림받았다는 마음은 결코 어느 세상으로부터도 해방되지 못한다. 버림받음의 의식은 결코 채워지지 않을 결핍에 대한 영원한 그리움에 처해지는 것을 수락하는 의식이다. 시인이 제비를 싫어하는 것은 그 때문이다.

> 제비의 말은 너무 빠르다. 제비의 말은
> 너무 길다. 〔……〕
> 〔………〕
>
> 상처를 감추려는 사람은 어느새
> 말이 많아진다는 생각, 허공 속으로 눈길을 돌린다는
> 생각…… 제비는 하늘 높이 날아가고 있다.
> ——「제비」(p. 44)

시인은 재빠르고 말많은 제비가 되지 못한다. 앞의

예들에서 독자는 세상 양쪽으로부터 버림받았다는 인식이 은밀히 세상 안에 갇혀 있다는 인식으로 뒤바뀌고 있음을 볼 수 있다. 날아가지 못한다는 것은 갈 데가 없다는 것이며, 갈 데가 없다는 것은 세상으로부터 버림받았으되 이 세상에 갇혀 있다는 것을 뜻하는 것이다. 버스에 갇힌 사람들, 호수에 담긴 늙은 백조들, 액자 속의 돼지들은 양쪽 세상에 다 갇혀 있다. 그러니, 그 어느 쪽에도 마음을 두지 말아야 한다. 그것이 그의 윤리학이다. 그가 유리창에 갇혀 "좁아터진 방,/유리창을 떠"도는 벌 한 마리를 두고

> 얼마나 아름다웠던가, 날갯소리
> 그 터는 소리, 유리창을 잔뜩 물들인 햇볕,

이라고 말하면서, 벌의 필사적인 탈출의 시도에 황홀해 하고는, 곧 이어서

> 보다 넓은 감옥을 보기 위해, 가끔
> 열곤 하는 저 유리 창문
> 열어주고 싶지 않다
> ──「유리창을 떠도는 벌 한 마리」(p. 38)

고 잔인함을 드러내는 것은 그 윤리학 때문이다. 비상이란 실은 더 넓은 감옥으로의 진입임을 아는 사람은 값싼 동정을 베풀지 못하는 것이다.

  이 긴 과정을 거친 자리에 '서시'가 존재한다. 서시는

맨 앞에 있어도 언제나 가운데 있는 것이다. 그것은 시집을 돌리는 회전축이다. 서시를 밀면,

> 물결들만 없었다면, 나는 그것이
> 한없이 깊은 거울인 줄 알았을 거네
> 세상에, 속까지 다 보여주는 거울이 있다고
> 믿었을 거네
>
> 거꾸로 박혀 있는 어두운 산들이
> 돌을 받아먹고 괴로워하는 저녁의 저수지
>
> 바닥까지 간 돌은 상처와 같아
> 곧 진흙 속으로 비집고 들어가 섞이게 되네
> ——「저수지」(p. 11)

깊은 착각이 적나라한 상처로 뒤바뀐다. "속까지 다 보여주는 거울"로부터, 진흙이 비집고 들어가 몸부림칠수록 더욱 쓰라린 상처로. 거울이란 무엇인가? 저 앞에 인용된 시구의 "도랑 끝에 걸린 유리 거울"이나 이 거울이나 마찬가지로 그것은 '유리창을 떠도는 벌 한 마리'의 '유리창'이면서, 동시에

> 언덕 너머엔 청동거울 같은
> 저수지가 있었다.
> 내 영혼은 검은
> 산속에 숨어 잠겨 있었다. 길은

언덕 너머로 사라진다. 오지 않는다.

——「송덕리, 노을」(p. 72)

의 '청동거울'이다. 다시 말해, 딴 세상을 갈구하도록 하는, 하지만, 몸부림치는 제 모습만을 되비추는 것, 즉 출구이자 동시에 벽인 딴 세상이다. 그것이 출구인 듯하지만 실은 벽이었음을 깨달은 자는 더 이상 그것이 "속까지 다 보여주는 거울"이라고 믿지 못한다. 그의 산들은 치솟지 못하고 "거꾸로 박혀 있"으며, 덕분에 저수지는 더욱 괴롭다. 왜냐하면, 산이 거꾸로 박힘으로써 저수지는 돌을 받아먹어야 했기 때문이다. 환상을 가진 만큼 상처는 더욱 아플 수밖에 없다.

그게 그러나 상처뿐일까? 그 상처를 앓음으로써 착각에 빠진 주체는 그것을 직시할 수 있게 되지 않았는가? 그는 "문을 활짝 열어놓고 들어"가 "그 흉물과 마주치고 만다"(p. 68). 그러니까, 그것은 상처 이상이다. 무언가 달라진 게 있다. 그것도 두 변화가 있다. 우선은 시적 주체의 자세에 변화가 일어난다. 어떤 자세? 그는 겪는 자로부터 바라보는 자로 이동한다. 그 시선은 부감하는 자의 시선이다. 이윤학 시의 화자의 시선은 언제나 위로 상승해서 아래를 내려다본다. 가령, 앞에서 읽었던 「버려진 식탁」을 가만히 보자. 일일 연속극, 흘러간 노래가 흘러나올 때까지 감각의 방향은 수평적이다. 그것은 한없이 우울한 느낌의 흐름을 전달한다. 그러나, 그 시선은 양파 줄기를 따라 서서히 올라간다. 양파 줄기가 창문에 가 닿으려고 하듯이, 그의 시선도 이 집을 탈출하고 싶어한다. 그러나, 보았듯이, 양파 줄기는 말라비틀어지고 그의 시선도 꺾인다. 그러나 그것이 꺾이는 그 순간, 그것은 식탁 위에 가득 쌓인 잡동사니들을 보고 그것을 들어낸다. 그랬더니, "몇 해 전에 찍은, 야유회에 가서 찍은 사진이 나왔다." 상승하자마자 화자의 시선은 급격히 추락한다. 그 추락은 그러나 절망의 나락으로 빠지는 추락이 아니라, 필설로 다하지 못할 무엇 속으로의 곤두박질이다. 그 시선은 그러니 단순히 내려다보는 시선이 아니다. 스스로 놀라 동공이 크게 열린 시선, 상처가 쩍 벌어지듯이 세상 앞에서 활짝 열려 세상의 전부가 그대로 꽉 끼워진 시선이다. 역시 읽어보았던 「횟집 간판 위에 새우」에서도 간판에 그려진 새우를 치어다보는 그의 시선은 어느새 "등을/특히 꼬리 부분을 잔뜩 구부린/그보다 다섯 배쯤 확대된 새우가/귀퉁이에/조그맣게 붙어 있"는 것을 본다. 확대된 새우가 조그맣게 붙어 있는 만큼 간판 전체가, 그리고 그 간판을 둘러싸고 있는 공중 전체가 그의 시선 앞에 전면 확대된다. '서시'도 그와 같다. "하루종일,/내를 따라 내려가다보면 그 저수지가 나오네"의 행에서 화자는 수평적 길이를 따라가는 존재이다. 내려감 때문에 그 수평적 길이는 실제로는 비스듬하다. 그 끝에서 그는 저수지를 내려다본다. "물결들만 없었다면" 그는 그것은 "한없이 깊은 거울인 줄 알았을" 것이다. '물결'은 비스듬한 내려감에 대비되어 비스듬한 상승을 포함한다. 그 물결은 수평적 내려감을 흔들어버리는 매개물이다. 그 물결 덕분에, 그는 불현듯 저수지가 거울이 아니라 "거꾸로 박혀 있는 어두운 산들이/돌을 받아먹고 괴로워하는 저녁의 저수지"임을 본다.

　이윤학의 시에서 시선은 목격의, 느낌의, 인식의 도구가 아니다. 그것은 그 자체로서 변모하는 산 존재이다. 길고 음울한 시선으로부터 눈부시게, 혹은 깜깜하게 활짝 열린 시선으로 변모하는 눈. 때문에 그것은 '시선'에 대한 독자의 상투적 인식을 뒤흔든다. 시선은 객관적 거리를 확보한다는 것, 시선은 행동을 유보한다는 것…… 등등이 그 상투적 인식이다. 시선은 그런 게 아니다. 그것은 안개나 화살이나 물줄기처럼 에너지의 이동이고 변화이다. 이동이고 변화이기 때문에 그것은 시선의 주체며 대상들을 몽땅 바꾸어놓는다. 두번째 변화가 그것으로서, 모든 사물들, 인물들, 생명들을 바로 절망적 몸짓의 자리에 그대로 묶어놓고 집약시킨다는 것을 가리킨다. 유리창에 달라붙어 영원히 파닥이도록 벌을 가두어놓고, "몸 속에 다리를/넣고 〔……〕 상처를 견디기 위해/악착같이 몸을 구부리"(p. 34)게 한다. 바로 그 자리가 생의 자리이다. "거북이는 납작 엎드려 있다/무거운 짐에 짓눌린 배와 가슴은/아직도 부끄럽다"(p. 40)는 그 '거북이'가 있는 자리, "젖소들이 꼬리를 흔든다/갑자기, 채찍을 들어/자신의 몸을 후려"(p. 62)치는 그 자리, 다시 말해 삶의 죽음을 있는 그대로의 삶으로 받아들이는 자리. 그곳에서 "개는 몸을 웅크리고 있다./마음속의 불을 모으고 있다./인광처럼 파란 불을……"(p. 43). 또한 그곳에서 "배나무 과수원은 지금/

뻘겋게 불에 타고 있다"(p. 73). 바로 그곳이 가장 뜨거운, 다시 말해 가장 치열한 생의 자리이다.

독자는 중심의 이동이 일어났고 그 이동 때문에 삶의 태도에 근본적인 변화가 일어났음을 알 수 있다. 애초에 중심은 어디에 있었는가? 가령, 그것은 "한참 내려가다 보면" 만날 저수지, 기다리면 오지 않는 마을버스, 이런 것들, 즉 추억과 꿈의 자리에 있었다. 그러나, 그것은 착각이며, 환상에 불과하였다. 그렇다면, 아예 희망의 상점을 폐쇄할 것인가? 그러나, "설레임이 없는 생(生)은/이미 끝난 것이다"(p. 81). 설렐 수도 없지만, 그러나, 그것이 없으면 삶이 아니다. 그러니, 이제 설렘이 좌절하는 자리, 바로 그곳에서 계속 설렐 수밖에 없다. 그러니, "부엌칼이 쉬지 않고/나무 도마 위에 무수히/제 상처를 찍듯, 어딘가/더듬어 찾아가"(p. 70)지 않을 수가 없는 것이다. 그것을 간략하게 도시하면 이렇다.

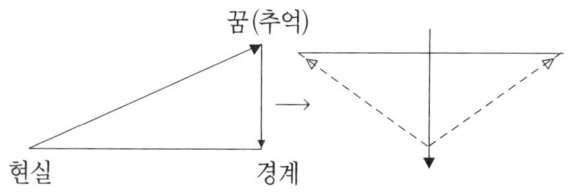

간단한 변화인 듯하지만 실제로는 많은 것이 변했다. 도형의 변화는 중심의 이동을 가리킨다. 도형의 변화 외에도 선의 성질이 바뀌었다. 첫번째 직삼각형은 모두 실선으로 이루어져 있다. 그것이 시적 존재들의 존재태이다. 환상에 매달리며 현실에 가로막혀 추락하는 모든 존재들의 삶을 그것은 가리킨다. 두번째 삼각형은 그 존재태를 인식한 자의 태도이다. 그것이 시의 윤리학을 이룬다. 그 윤리학은 현실과 꿈 어느 쪽으로도 가지 못한다. 점선이 보여주는 바가 그것이다. 반면, 현실과 꿈은 실선으로 바로 이어져 있다. 두 세계 모두에 갇힌 자의 시선으로 보면 그 두 세계는 실은 다른 세계가 아니다. 다음, 변한 것은 화살표의 방향이다. 첫 삼각형은 비스듬한 상승으로부터 급격한 추락으로 이어진다. 반면, 두번째 삼각형에선 첫 삼각형의 이어짐이 팽팽한 직선으로 변형된다. 현실과 추억 사이는 "팽팽히 걸려 있"는 "빨랫줄"과도 같다. 그 "줄 속에/끼어 있는 옷걸이 하나, 그/줄을 타고/어딘가 가고 있"(p. 82)다. 하지만, 물론 그것은 빨랫줄 사이를 왕복할 뿐이다. 그것은 그저 "무겁게 출렁거리고 있"을 뿐이다. 점선의 두 방향이 보여주는 것이 그것이다. 현실과 추억(꿈) 양쪽으로 가고 싶지만, 그러나, 아무것도 그에게 문을 열어주지 않는다. 그 옷걸이는 "줄보다 일찍 삭아버릴 저 옷걸이, 온몸이/금가고 갈라져 흩어질 옷걸이, 그 무엇으로도/채워질 수 없는 헐렁함, 허연 옷걸이, 삼각형"이다. 경계의 지점으로 집중한다는 것은 그 무엇으로도 채워질 수 없고 곧 삭아버릴 옷걸이의 삶 그 자체에 오래 머문다는 것이다. 다시 말해 곧 사라져버릴 그 삶을 최대한도로 길게 연장한다는 것이다.

그렇다고 삶이 변할 것인가? 물론 아니다. 그러나, 그것이 삶을 회피하지 않고 온몸으로 받아들이는 행위이다. '서시'의 마지막 행은 그것을 정확히 지시한다. "바닥까지 간 돌은 상처와 같아/곧 진흙 속으로 비집고 들어가 섞이게 되네." 항구적 결여에 대한 결코 채워지지 않는 그리움이 버려지고 온통 상처뿐인 삶을 더욱 상처내어 그 안으로 합류하는 행동이 탄생한다. 그 집중은 유리창에 갇힌 벌이 그러하듯 나가고 싶어서 안달할 것이다. 경계 속으로 집중할수록 현실과 꿈 사이에 대한 갈망은 증폭될 것이다. 더욱 좌절하면서 더욱 꿈꿀 것이다. 그 갈망과 좌절은 그러나, 어느 쪽으로도 수렴되지 않고 반복 교차할 것이다. 접어 펼칠 때마다 저고리와 바지가 마술처럼 교대로 나타나는 종이옷 접기 놀이에서처럼. 그의 시 한편 한편이 저마다 "집착의 길"에 대한 절망의 시이자, 생의 환희를 향한 갈망의 시로서 읽히는 것은 그 때문이다. 가령,

> 새순이, 죽은 중나무 밑에서
> 푸른빛을 들고 일어나고 있다.
>
> 중나무는 금방 자라오를 것이다.
> 곧 빨랫줄이 매어질 것이다.
> 빨랫줄이 더 깊이
> 중나무의 숨통을 조일 것이다.
> ——「중나무」(pp. 92~93)

의 '중나무'가 생과 죽음을 동시에 연장시키는 것처럼. 삶과 죽음을 하나로 묶어 그것을 돌릴 줄 아는 사람은 육체의 철조망을 사랑하는 사람이다.

나는 육체의 철조망을 사랑한다
얼룩덜룩 찢어붙인 무늬들, 젖소들
김이 쏟아져나오는 침묵을
아귀새기고 있다 ——「목장」(p. 63)

육체의 철조망을 사랑한다는 것은 말처럼 쉬운 일이 아니다. 그러나, 그것을 사랑할 줄 아는 사람만이 죽음을 살아낼 수 있다. 결코 어느 곳으로도 탈출하지 않고, 폐허를 건너려면, 폐허를 가장 오래도록 견뎌야 한다. 이 폐허, 이 죽음, 이 모든 급속히 소멸할 것들에게 최대한도로 오랫동안 생의 표지를 부여해야 한다. 그의 축시 연접 교차는 아주 오랜 항해이다. 시간의 축소는 곧 시간의 한없는 연장이다. 그 연장 속에서 그는 주체가 죽음의 상황 속에서 얼마만큼 살아 있을 수 있을 것인가를 증언한다. "무엇인가 담고자 노력하는 유리 창문들// 신음 소리만큼 긴 기도문을/들어본 적은 아직 없다"(pp. 78~79). 그 신음 소리가 있는 한 폐허는, 죽음은 사라지지 않는다.

시가 무엇을 증언할 수 있을 것인가? 그 질문은 수정될 필요가 있다. 본래의 질문 그대로. 시가 무엇을 할 수 있을 것인가? 그 질문 또한 그러나 수정될 필요가 있다. 이미 시의 무용성으로 대답하고 있는 그 질문—대답은 시적인 것의 전적인 소멸을, 다시 말해 아우라의 상실을 미리 보았다. 그러나, 어느 시인의 진술이 옳았다.

"시적인 것은 실재로 있다." 그러나, 그것은 그 명제 자체로 있는 것이 아니다. 시적인 것은 여전히 환상의 마지막 구실이자 핑계로 써먹히고 있다. 아우슈비츠 이후에도 시적인 것은 펄펄 살아 있다. 그러니, 시가 무언가를 하지 않으면 안 된다. 자신의 죽음과의 싸움을, 다시 말해, 옛날의 환상으로 치장되어 온갖 진열장에서 찬란한 그의 삶과의 싸움을 벌여야 한다. 죽음을 삶으로 위장하지 않는 것, 죽음 안으로 오래 항해하는 것, 죽음을 죽음답게 해주는 것, 그래서, 죽음이 얼마나 살기 위한 노력으로 벌겋게 달아올라 있는가를 보여주는 것, 그렇게 죽음을 한없이 건너는 것, 그것들이 시인이 제출하는 대답들이다.